FACULTÉ DE DROIT DE PARIS.

THÈSE
POUR LA LICENCE.

L'acte public sur les matières ci-après sera soutenu
Le vendredi 28 août 1835, à 3 heures,

PAR

MATHIEU-ADOLPHE CHARREYRON,
Né à BELLAC (Haute-Vienne.)

PRÉSIDENT : M. DURANTON.
SUFFRAGANS : MM. BLONDEAU, DEMANTE, ROYER-COLLARD, } PROFESSEURS.
PÉREYVE, SUPPLÉANT.

Le Candidat répondra en outre aux questions qui lui seront faites sur les autres matières de l'enseignement.

PARIS
IMPRIMERIE DE HENRI DUPUY, RUE DE LA MONNAIE, 11.
1835

A mon Père

ET

A MA MÈRE.

JUS ROMANUM.

De usufructu adcrescendo.

Dig. lib. VII, tit. 2.

Inter eas solummodò personas, juri adcrescendi locus est, quibus singulis ab initio et ab eodem testatore, in solidum idem ususfructus relictus est; nam palàm, est jus conjunctionis ex diversis testamentis non contingere.

Itaque cùm pluribus personis conjunctìm relictus fuerit ususfructus, concursu earum partes fient; ità ut quibusdam conjunctis deficientibus, partes quas in ususfructu habebant cœteris adcrescant.

Hinc Ulpianus : « Quotiens ususfructus legatus est, ità inter fructuarios est jus adcrescendi, si conjunctìm sit ususfructus relictus : cæterùm si separatìm unicuique partis rei ususfructus sit relictus, sine dubio jus adcrescendi cessat. » L. 1. ff.

« Interdùm tamen etsi non sint conjuncti (id est oratione; nempè debent esse conjuncti re, et idcircò ut utrique idem ususfructus sit relictus necesse est), tamen ususfructus legatus alteri adcrescit : ut putà, si mihi fundi ususfructus separatìm totius, et tibi similiter fuerit relictus. Nam (ut Celsus libro octavo decimo

Digestorum, et Julianus libro trigesimo quinto scribit) concursu partes habemus : quod et in proprietate (ità duobus relictâ) contingeret : nam altero repudiante, alter totum fundum haberet. » ff. L. I, § 3.

« Si verò, mihi ususfructus fundi purè, tibi sub conditione legatus sit ; potest dici (ut docet Ulpianus ff. l. 6, § 2) totius fundi usumfructum ad me pertinere interìm : et si capite minutus fuero totum amittere ; sed si extiterit conditio, totum usumfructum ad te pertinere, si fortè capite diminutus sum : cæterùm cùm in meo statu maneo, communicandum usumfructum. » Etenim conditione eventâ, ususfructus pertinet ad fructuarium sub conditione, eodem modo quàm si ususfructus fructuario purè constitutus fuisset.

Nunc videndum est, si locus sit juri adcrescendi ususfructûs, cùm aliquis ex repetitione legatorum, in usumfructum sibi aut alteri succedat, inter illum et cæteros ejusdem ususfructûs legatarios. Huic juri locus erit et hoc docet Ulpianus ff. in lege 3, § 1.

Is verò cui non totus ususfructus, sed pars tantùm legatur ; in eâ duntaxat parte jus adcrescendi habebit. Vid. l. 3, ff. § 2.

« Etiam apud Julianum libro trigesimo quinto Digestorum quæritur : si communi servo ususfructus sit relictus et utrique domino adquisitus, an altero repudiante vel amittente, usumfructum alter totum habeat ? Putat ad alterum pertinere ; et licèt dominis ususfructus non æquis partibus sed pro dominicis acquiratur ; tamen personâ ejus non dominorum inspectâ, ad alterum ex dominis pertinere, non proprietati accedere. » L. I, § 1, ff.

Hæc sententia justa videtur, nam in hâc specie ut dicitur lege I, § 1, dominorum persona non debet inspici, sed sola persona servi cui ususfructus totus fuit legatus. Igitur servus communis acquirit pro dominis ; et si unus eorum amittit vel repudiat usumfructum, æquum est amissam vel repudiatam partem alteri adcrescere ; domini enim hujus servi, sicuti ejusdem ususfructûs collegatarii videntur, et hìc ideò locus erit juri adcrescendi.

« Non solùm autem, si duobus ususfructûs legetur, est jus adcrescendi, verùm etsi alteri ususfructus, alteri fundus legatus est. Nam amittente usumfructum altero cui erat legatus, magis jure adcrescendi ad alterum pertinet quàm redit ad proprietatem nec novum : nam et si duobus ususfructus legetur, et apud alterum sit consolidatus, jus adcrescendi non perit, neque ei apud quem consolidatus est neque ab eo : et ipse quibus modis amitteret antè consolidationem, iisdem et nunc amittet. » L. 3 , ff. § 2.

Quid? « Si tibi proprietas fundi legata fuerit; mihi autem , et Mævio , et tibi ejusdem fundi ususfructus. Habebimus ego et Mævius trientes in usufructu ; unus triens proprietati miscebitur. Sive autem ego, sive Mævius capite minuti fuerimus ; triens inter te et alterutrum nostrûm dividetur ; ità ut semissem in usufructu habeat is qui ex nobis capite minutus non fuerat ; ad te proprietas cum parte dimidiâ ususfructûs pertineat. » L. 4 , ff.

Et si tu cui proprietas legata est et qui mecum et cum Mævio conjunctus es in usufructu, tradideris alicui proprietatem ; quid ?

Adhùc locus erit juri adcrescendi ; et hæc sententia placuit Juliano dicenti in hoc casu : non videri novum tibi adquiri usumfructum. Idem est si apud unum ex tribus fructuariis, consolidatus sit ususfructus. ff. L. 5 et 6.

« Si mulieri cum liberis suis ususfructus legetur; amissis liberis ea usumfructum habet; sed et matre mortuâ, liberi ejus nihilominùs usumfructum habent jure adcrescendi. Nam et Julianus libro trigesimo Digestorum ait, idem intelligendum in eo qui solos liberos, heredes scripserit, licet non ut legatarios eos nominaverit, sed ut ostenderet magìs velle se matrem ita frui ut liberos secum habeat fruentes. ff. L. 8.

Testator in hoc casu voluit ut in usufructu mater et liberi conjuncti essent ; itaque, post mortem matris juri adcrescendi locus erit inter liberos, iisque defunctis mater ex eodem jure totum usumfructum habebit. Sed Pomponius quærit L. 8, ff. : quid si mixti fuerint liberi et extranei heredes *cum matri alicujus rei ususfructus legatus fuerit?* Et per contrarium quid, si voluerit eos frui cum matre quæ heres constituta fuit cum extraneis? Liberi atque mater sicuti collegatarii intelligendi sunt, et est eadem ratio decidendi quàm in præcedenti specie.

Quid; si communi servo et separatìm Titio ususfructus legatus sit? L. 1, § 2, ff.

Distinguamus. Si unus ex dominis usumfructum amisit, partem ejus altero domino adcrescere dicam et non Titio, et idem est si duobus conjunctìm et alteri separatìm ususfructus relictus est. Sed si duo domini vel conjuncti duo amiserunt usumfructum, æquum videtur partes eorum adcrescere Titio, cum ususfructus totius et ejusdem fundi separatìm fuerat relictus.

Attamen, inter eos quibus singulæ partes in usufructu relictæ sunt, juri adcrescendi locus non est. Et Ulpianus hoc docet lege 6, § 1, ff.

« Quùm singulis ab heredibus singulis ejusdem rei fructus legatur; fructuarii separati videntur, non minùs quàm si, æquis portionibus duobus, ejusdem rei fructus legatus fuisset; undè fit ut inter eos jus adcrescendi non sit; cùm alius ab alio herede usumfructum vindicat. L. 11 et l. 12, ff.

« Julianus libro 35, ff. scripsit : Si duobus heredibus institutis deducto usufructu, proprietas legetur, jus adcrescendi heredes non habere. Nam videri usumfructum constitutum non concursu divisum. L. 1, § 4, ff. Ideòque amissa pars ususfructûs ad legatarium eumdemque proprietarium redibit. L. 2, ff. Cui sententiæ congruit ratio Celsi dicentis : toties jus adcrescendi esse quoties in duobus, qui in solidum habuerunt, concursu divisus est. L. 3. ff.

Nùnc inspiciamus discrimen inter proprietatem et usumfructum circà jus adcrescendi ; et primùm videamus quantùm latiùs porrigitur hoc jus circà usumfructum quàm circà proprietatem.

Proprietas momento acquiritur, et si res legata sit conjunctìm pluribus, locus erit juri adcrescendi, quandiù non acquisita fuerit; sed semel acquisità cùm concursu singuli partes suas tulerunt, non potest tunc inter illos ullum jus adcrescendi superesse : « Hoc plus est in usufructu , quia et constitutus et posteà amissus, nihilominùs jus adcrescendi admittit. Omnes enim auctores apud Plautium de hoc consenserunt; et (ut Celsus et Julianus eleganter aiunt) ususfructus quotidiè constituitur et legatur; non ut proprietas eo solo tempore quo vindicatur. Quùm primùm itaque non inveniat alterum qui sibi concurrat , solus utetur in totum ; nec refert conjunctìm an separatìm relinquatur. » L. 1, § 3, in fin. , ff. Altera est ratio discriminis inter proprietatem et usumfructum, circà jus adcrescendi. « Interdùm enim pars ususfructûs etiam non habenti partem suam, sed amittenti adcrescit. » Vid. l. 10, ff.

Quibus modis ususfructus vel usus amittur.

Dig. lib. VII, tit. 4.

Ne in universum inutiles essent proprietates, placuit certis modis extingui usumfructum et ad proprietatem reverti. L. 3, § 2, ff. *De Usuf. et quemad.*

Extinguitur ususfructus :
Morte, vel capitis diminutione fructuarii ;
Existentià diei aut conditionis ad quam constitutus est ;
Olim alienatione servi per quem ususfructus huic servo relictus , domino ejus quæsitus erat;
Non utendo ; aut soluto jure ejus qui constituit ;
Cessione in jure factà ;
Consolidatione ;
Denique interitu rei;
Morte amitti usumfructum, non recipit dubitationem ; cùm jus

fruendi morte extinguatur, sicuti si quid aliud quod personæ cohæret. » L. 3, § 3, ff.

Si ususfructus municipibus legatus erit, quæritur quousquè in eo usufructu tuendi sint? Nam si quis eos perpetuò luetur, nulla utilitas erit nudæ proprietais, semper abscedente usufructu. Undè centum annos observandos esse constat, qui finis vitæ longissimus esset. » L. 8, ff. *De Usuf. Leg.*

Pariter morte ejus cui actio competebat ut sibi præstaretur ususfructus finitur hæc actio.

Actio autem quam quis habet ad revocandum usumfructum quem indebitè constituit, morte ejus non finitur.

Non solùm usumfructum amitti capitis minutione constat, sed et actionem de usufructu. Et parvì refert utrùm jure sit constitutus ususfructus, an verò tuitione prætoris.

Ex jure Pandectarum quâlibet capitis diminutione etiam minimâ ususfructus amitti potest. Hìnc Paulus : ususfructus capitis minutione amittitur ; si in insulam fructuarius deportetur, vel si ex causâ metalli servus pœnæ efficiatur, aut si statum ex adrogatione vel adoptione mutaverit. »

Jure Justinianeo maximâ tantùm et mediâ, non etiam minimâ. Sed ita demùm amittitur capitis diminutione ususfructus, si jam constitutus est : cæterum si antè aditam hereditatem, aut antè diem cedentem quis capite minutus est ; constat non amitti. L. 1, § 1, ff.

Si verò, tibi fundus ex die legatus est, et usumfructum mihi rogatus es restituere, videndum erit, si capite minutus fuero intra diem legato tuo insertum, ne fortè salvus sit mihi ususfructus, quasi antè diem cedentem capitis minutio intervenerit ; quod benignè dici poterit. L. 1, § 2, ff.

Usquè adeò autem capitis minutio eum demùm usumfructum perimit qui jam constitutus, ut si in singulos annos, vel menses, vel dies legatus sit, is demùm amittitur qui jam processit : etsi fortè in annos singulos legatus est, illius duntaxat anni ususfructus amittetur : et si in menses, ejus mensis; si in dies, ejus diei. L. 1, § 3, ff.

Igitur quùm duobus separatìm alternis annis ususfructus relictus est : « Si non mors, sed capitis diminutio intercesserit : quia plura legata sunt, illius anni tantum (si modò jus fruendi habuit) fructus amissus erit. Quod et in uno legatario qui fructum in singulos annos accepit, defendendum est : ut commemoratio temporum, repetitionis potestatem habeat. » L. 2, § 1, ff.

Diximus usumfructum ex alienatione servi per quem quæsitus fuerat ususfructus, ex jure Pandectarum extingui. Ex eodem jure, ante diem hujus legati cedentem nil refert dominum mutet iste servus; legatusque ususfructus ei qui, die legati cedente, servi dominus erit, quæritur. Quapropter, si servo hereditario antè aditam hereditatem legatus ususfructus fuisset, mag s placet, aditâ hereditate, eum usumfructum ad te transire : nec interire quasi mutato domino; quia nec dies antecesserit quàm tu heres extiteris. L. 18, ff.

Finitur tempore ususfructus, quotiens ad certum tempus legatur, velut biennio aut triennio. *Paul. sent.* Lib. 3, tit. 6, § 37.

Similiter, si in certam conditionem constitutus sit ususfructus, eâ existente extinguitur.

Circà usumfructum in certum tempus aut certam conditionem relictum definivit Justinianus; usumfructum tibi relictum in id tempus quo quis ad certam pervenerit ætatem, eo antequam ad hanc ætatem perveniret mortuo, durare usquè ad id tempus quo (si viveret) ad hanc ætatem perveniret; cæterùm morte tuâ, quamvis ante hanc diem finiri.

Item definivit; usumfructum in certam conditionem relictum (putà, donec quis resipuerit) conditione deficiente, non nisi morte fructuarii extingui. L. 12, cod. h. tit.

Non utendo amittitur ususfructus si possessione fundi, biennio, fructuarius non utatur; rei mobilis anno. *Paul. sent.*, lib. 3, t. 6, § 33.

Ut ususfructus non utendo amittatur, nil refert quomodo constitutus sit; jure legitimo, an per tuitionem prætoris.

Justinianus produxit tempus, quo ususfructus non utendo amitteretur. Statuit enim eum non amitti, nisi talis exceptio usufructuario opponatur quæ, etiamsi dominium vindicaret, posset eum præsentem vel absentem excludere.

Observandum super est; usumfructum alternis annis legatum, non posse non utendo amitti : quia plura sunt legata.

Extinguitur ususfructus soluto jure domini qui usumfructum constituit, id est quùm ex causâ necessariâ et existente, eo tempore quo constitutus est ususfructus, jus domini solvitur. « Citrà hunc casum; neque ususfructus, neque iter actusve, dominii mutatione amittitur.

In jure cessione amittitur ususfructus, quotiens domino proprietatis eum fructuarius in jure cesserit. Illud jus cedendo, non intelligitur cessisse alia jura quæ alio titulo habet; quamvis ususfructus ea jura eminenter contineret.

Extinguitur ususfructus consolidatione; id est si dominium rei ad fructuarium perveniat. Hinc : « Si servus in quo ususfructus alienus est, noxæ dedatur a domino proprietatis usufructuario; liberabitur confusâ servitute, proprietatis comparatione. » L. 27, ff.

Adeò autem consolidatione extinguitur ususfructus; ut nec si proprietas evicta fuerit, ususfructus convalescat. Vid. l. 17, ff.

Consolidatio et non erit, nec ususfructus extinguetur : si proprietas ad fructuarium ex titulo qui retrò infirmetur, perveniat.

Extinguitur ususfructus, rei interitu. Est enim ususfructus jus in corpore; quo sublato et ipsum tolli necesse est. L. 2, ff. *De Usuf. et quem.*

Et quidem adeò extinguitur ut nec in quod ex eâ re superest maneat. Caro igitur et corium mortui pecoris, in fructu non est : quia mortuo eo, ususfructus extinguitur. L. 30, ff.

Res interiisse intelligitur, si substantia ejus mutata est. Sic : ususfructus mihi ædium legatus est; ædes corruerunt vel exustæ sunt; sine dubio extinguitur. An et arex ? Certissimum est exustis ædibus, nec areæ nec cæmentorum usumfructum deberi. L. 5. ff.

Si verò areæ sit ususfructus legatus et in eâ ædificium sit positum : rem mutari et usumfructum extingui constat. Planè si proprietarius hoc fecit, ex testamento, vel de dolo tenebitur. L. 5, § 3. ff.

Sed et interdictum quod vi aut clam usufructuario competit. L. 6, ff.

Nisi sublato ædificio usumfructum areæ mihi cesserit : tempore scilicet quo ususfructus perit, transacto. L. 7, ff.

Sed et si stagni ususfructus legetur et exaruerit, sic ut ager sit factus : mutatâ re, ususfructus extinguitur. Vice versâ agri vel loci ususfructus legatus, si fuerit inundatus ut stagnum jam sit aut palus, procul dubio extinguetur. L. 10, § 3 et § 2 ff.

Pariter extinguitur ususfructus, si silvâ cæsâ illìc sationes fuerint factæ; si massæ ususfructus legetur et ex eâ vasa sint facta, vel contrà : videre est adhùc alia exempla. ff. ad leges 10, § 8; 11; 31; 12, § 1.

Hactenus diximus, formæ mutatione rem interire videri, adeòque usumfructum extingui; hoc de formâ substantiali accipiendum est, non de accidentali. Vid. leges 10, § 4; 24, § 2, ff.

Exceptâ capitis minutione, vel morte, reliquæ causæ, vel pro parte interitum ususfructus recipiunt. L. 14 et 25, ff.

Si ususfructus petatur vel ad alium pertinere negetur.

Lib. 7, tit. 6.

Si ususfructus petatur, locus est actioni confessoriæ; nam confessoria actio, est ea quâ quis, jus ususfructûs in re sibi competens asserit.

Si verò ususfructus petitus negetur, tunc locus est actioni contrariæ, id est negatoriæ ; est enim actio negatoria, ea quâ quis fundum suum negat servitutem ususfructûs debere, adversùs eum qui hoc frui nititur.

« Uti-frui jus sibi esse solus potest intendere qui habet usumfructum : dominus autem non potest ; quia qui habet proprietatem, utendi fruendi jus separatum non habet. Nec enim potest ei suus fundus servire : de suo enim non de alieno jure, quemque agere oportet. Quanquam enim actio negativa domino competat adversùs fructuarium ; magis tamen de suo jure agere videtur quàm alieno, quùm, invito se, negat jus esse utendi fructuario, vel sibi jus esse prohibendi. » L. 5, ff.

« Utrùm autem adversùs dominum duntaxat in rem actio usufructuario competat, an etiam adversùs quemvis possessorem, quæritur ? Et Julianus libro septimo digestorum scribit, hanc actionem adversùs quemvis possessorem ei competere. L. 5, § 1, ff.

Cæterùm qui de usufructu judicium accepit, si desierit possidere sine dolo absolvetur. Quòd si liti se obtulit et quasi possessor actionem de usufructu accepit, damnabitur. » L. 6, ff.

Si fundo fructuario servitus debeatur, Marcellus, libro 8, apud Julianum, Labeonis et Nervæ sententiam probat ; existimantium, servitutem quidem eum vindicare non posse, verùm usumfructum vindicaturum ; ac per hoc vicinum, si non patiatur eum ire et agere, teneri ei quasi non patiatur uti-frui. » L. 1, ff.

In his autem actionibus quæ de usufructu aguntur, etiam fructus venire, plus quàm manifestum est. » L. 5, § 3 ff. Igitur, « fructuario qui vicit, omnis causa restituenda est. Et ideò si servi fuerit ususfructus legatus, quidquid ex re fructuarii vel ex operis suis consecutus est, possessor debebit restituere. » L. 5, § 5 ff.

Si tamen, post litem de usufructu contestatam fuerit finitus ususfructus ; an ulteriùs fructus desinant deberi ? et puto desinere. Nam et si mortuus fuerit fructuarius, heredi ejus actionem præteritorum duntaxat fructuum dandam Pomponius libro 40 scribit. L. 5, § 4 ff.

Datur etiam aliquandò utilis confessoria, sicuti ex specie sequenti consequitur. « Sed et si fortè tempore ususfructus amissus est, alio quidem possidente, alio autem liti se offerente, judex jubebit iterùm restitui usumfructum; et quidem non sufficit eum usumfructum iterùm renovare; verùm cavere quoque eum de evictione ususfructûs oportet. Quid enim si servum aut fundum is qui possidebat, pignori dedit; isque ab eo qui pignori accepit, jure uti prohibetur? Debebit itaque habere cautum. » L. 5, § 6, ff.

Actio negatoria non solùm domino rei quâ alter uti-frui aggreditur, competit : sed « si fortè qui agit, dominus proprietatis non sit; quamvis fructuarius jus utendi non habet, vincet tamen; jure quo possessores sunt potiores, licèt nullum jus habeant. » L. 5, ff.

Sicut autem fructuario in rem confessoriâ agenti fructus præstandi sunt : ità et proprietatis domino, si negatoriâ actione utatur. L. 5, § fin.

DROIT FRANÇAIS.

De l'usufruit, de l'usage et de l'habitation.

(Code civil, livre II, t. 3.)

Pour bien établir ce qu'est l'usufruit, il est nécessaire de nous reporter à la définition que donne le Code de la propriété. « La propriété, dit l'art. 544, est le droit de jouir et de disposer des choses de la manière la plus absolue, pourvu qu'on n'en fasse pas un usage prohibé par les lois ou par les réglemens. » Ce droit n'est pas le seul qu'on puisse avoir sur une chose, car la propriété est susceptible de se diviser, de se démembrer. Lorsqu'elle n'est pas divisée, c'est-à-dire lorsque conformément à l'article précité, on peut en disposer de la manière la plus absolue ; le droit que nous avons sur la chose est parfait, et nous pouvons l'exercer sans obstacle, sans être gêné par l'effet d'un droit appartenant à un autre propriétaire. Lorsqu'elle est divisée au contraire, c'est-à-dire lorsque des charges pèsent sur elle, alors le droit de propriété est imparfait, et l'on peut être gêné par l'exercice d'un droit qu'un tiers aurait sur notre chose. On voit donc déjà par ce qui précède que la propriété est un droit complexe, et que les diverses attributions de ce droit peuvent se démembrer ; c'est ce qui fait que les droits d'usufruit, d'usage et d'habitation, sont des démembremens de la propriété, et forment autant de droits distincts que nous pouvons avoir sur les choses. Disons aussi que ces droits sont autant de servitudes personnelles, et abordons la définition de l'usufruit.

Chapitre Premier.

De l'Usufruit.

L'usufruit est le droit de jouir des choses dont un autre a la propriété, comme le propriétaire lui-même, mais à charge d'en conserver la substance. (578.)

Cette définition a l'inconvénient de confondre l'usufruit et le bail. En effet :

Comme l'usufruitier, le fermier jouit de la chose d'autrui pendant la durée de son bail ; ainsi que lui, il jouit comme le propriétaire lui-même, à la charge d'en conserver la substance. Mais s'il y a quelque rapport entre le bail et l'usufruit, il existe aussi de nombreuses différences.

Ainsi : l'usufruitier a un droit réel ; le fermier, au contraire, n'a qu'un droit personnel.

Dans l'usufruit, le nu propriétaire est tenu de laisser jouir seulement l'usufruitier, d'après la nature même des servitudes ; le bailleur, au contraire, est tenu de faire jouir paisiblement le fermier pendant la durée du bail (1719), cela par suite de l'obligation personnelle qu'il a contractée.

Le bailleur est tenu de délivrer la chose en bon état de réparations de toute espèce ; il doit y faire, pendant la durée du bail, toutes les réparations qui peuvent devenir nécessaires, autres que les locatives. (1720). — L'usufruitier prend les choses dans l'état où elles sont. (600).

L'usufruit s'éteint par la mort de l'usufruitier. (617). — Le bail continue malgré la mort du preneur. (1742).—La raison de cette différence provient de ce que le bail est une obligation ordinaire, et que les parties sont censées avoir stipulé pour elles et leurs héritiers. (1122).

Nous avons vu que l'usufruitier est tenu de conserver la substance. Pourra-t-il, sans violer ce principe, changer la forme de la chose dont il a l'usufruit?

Je crois qu'on peut décider, qu'en général il ne le pourra pas; car changer la forme d'une chose, c'est véritablement en disposer, et l'usufruitier n'a que le droit de jouir. Toutefois, si, loin d'en souffrir, l'intérêt du propriétaire s'en trouvait augmenté; comme par exemple, lorsque l'usufruitier a achevé un édifice commencé, ou défriche une lande, alors évidemment le propriétaire a cédé à un esprit de chicane et : *malitiis non est indulgendum.*

L'usufruit est établi par la loi ou par la volonté de l'homme. Il est établi par la loi dans les cas énoncés par les articles suivans :

En effet, nous voyons à l'art. 384 : Le père durant le mariage et après la dissolution du mariage, le survivant des père et mère auront la jouissance des biens de leurs enfans jusqu'à l'âge de dix-huit ans accomplis, ou jusqu'à l'émancipation qui pourrait avoir lieu avant l'âge de dix-huit ans.

De l'art. 754 résulte aussi, que le survivant des père et mère qui succède à son enfant concurremment avec des parens collatéraux de l'autre ligne, a l'usufruit du tiers des biens auxquels il ne succède pas en propriété.

Pour que l'usufruit s'établisse par la volonté de l'homme, il faut que celui qui veut l'établir soit propriétaire; c'est à cette condition qu'il peut être constitué par donation, par testament, par la vente, etc.

L'usufruit ne peut être établi par la sentence du juge. Ainsi, en cas de partage, le juge ne peut pas, conformément à notre droit et à la différence de ce qui se passait à Rome, adjuger la propriété à l'un et l'usufruit à l'autre; en semblable circonstance il y a lieu chez nous à licitation.

L'usufruit s'acquiert également par prescription, c'est du moins ce qui paraît résulter des art. 526, 2265.

L'usufruit peut être établi ou purement, ou à certain jour (*ex die, ad diem*), ou à condition (580).

Il peut l'être sur toute espèce de biens meubles ou immeubles (581), corporels ou incorporels. S'il est constitué sur des meubles, il est mobilier; sur des immeubles, il prend le nom d'immobilier.

Lorsqu'il est constitué sur des meubles, si ces derniers sont susceptibles de se consommer par l'usage (587), c'est alors, bien que cette dénomination n'ait point été consacrée par la loi, le quasi usufruit des Romains.

Section Ire.

Des droits de l'usufruitier.

L'usufruitier a le droit de jouir de toute espèce de fruits, soit naturels, soit industriels, soit civils, que peut produire l'objet dont il a l'usufruit (582).

Les fruits naturels sont ceux qui sont le produit spontané de la terre. Le produit et le croît des animaux sont aussi des fruits naturels. Les fruits industriels d'un fonds sont ceux qu'on obtient par la culture (583). Les fruits civils sont les loyers des maisons, les intérêts des sommes exigibles, les arrérages de rentes. Les prix des baux à ferme sont aussi rangés dans la classe des fruits civils (584). Les fruits civils sont réputés s'acquérir jour par jour et appartiennent à l'usufruitier, à proportion de la durée de son usufruit. Cette règle s'applique aux prix des baux à ferme, comme aux loyers des maisons et autres fruits civils (586).

Les fruits naturels et industriels, pendans par branches ou par racines au moment où l'usufruit est ouvert, appartiennent à l'usufruitier. Ceux qui sont dans le même état au moment où finit l'usufruit, appartiennent au propriétaire, sans récompense de part ni d'autre des labours et des semences, mais aussi sans préjudice de la portion des fruits qui pourrait être acquise au colon partiaire, s'il en existait un au commencement ou à la cessation de l'usufruit (585). Mais quand, au moment de l'ouverture de l'usufruit, il n'y a qu'une partie des fruits qui soit coupée ou recueillie, l'usufruitier ne pourra prendre que ceux encore pendans par branches ou par racines, de même que ceux qui ne sont pas recueillis lorsque l'usufruit cesse, doivent appartenir au propriétaire.

Qu'arrivera-t-il si l'usufruitier donne à ferme son usufruit ? Comme dans ce cas il n'a droit qu'à des fruits civils, et que de semblables fruits s'acquièrrent jour par jour, l'usufruitier y ayant droit jusqu'au jour de son décès, ses héritiers à la cessation de l'usufruit auront droit à tous les fermages échus.

Toutes les fois que l'usufruit comprend des bois taillis, l'usufruitier est tenu d'observer l'ordre et la quotité des coupes, conformément à l'aménagement ou à l'usage constant des propriétaires ; sans indemnité toutefois en faveur de l'usufruitier ou de ses héritiers pour les coupes ordinaires, soit de taillis, soit de baliveaux, soit de futaie, qu'il n'aurait pas faites pendant sa jouissance.

Les arbres qu'on peut tirer d'une pépinière sans la dégrader ne font aussi partie de l'usufruit qu'à la charge par l'usufruitier de se conformer aux usages des lieux pour le remplacement (590).

L'usufruitier profite encore, toujours en se conformant aux époques et à l'usage des anciens propriétaires, des parties de bois de haute futaie qui ont été mises en coupes réglées ; soit que ces coupes se fassent périodiquement sur une certaine étendue de terrain, soit qu'elles se fassent d'une certaine quantité d'arbres pris indistinctement sur toute la surface du domaine (591).

Dans tous les autres cas, l'usufruitier ne peut toucher aux arbres de haute futaie : il peut seulement employer, pour faire les réparations dont il est tenu, les arbres arrachés ou brisés par accident ; il peut même, pour cet objet, en faire abattre s'il est nécessaire, mais à la charge d'en faire constater la nécessité avec le propriétaire (592). Il peut aussi prendre, dans les bois (quoique non distribués en coupes réglées), des échalas pour les vignes; sur les arbres, des produits annuels et périodiques, tels que les glands des chênes et l'ébranchage des arbres, qu'on émonde périodiquement (593).

Les arbres fruitiers qui meurent, ceux même qui sont arrachés ou brisés par accident, appartiennent à l'usufruitier, à la charge de les remplacer par d'autres (594). Cet article me paraît limitatif, aussi ne devra-t-on pas étendre sa disposition aux autres arbres. En effet, si l'usufruitier a des droits sur les arbres fruitiers, il est juste lorsque ces arbres viennent à mourir qu'il puisse les prendre comme indemnité des fruits qu'il aurait pu percevoir ; en les détruisant, il nuirait à ses intérêts. Tandis que si après leur destruction les futaies devaient lui appartenir, il aurait intérêt à les faire mourir. C'est donc à l'avantage de la propriété que le Code a consacré cette différence entre les arbres à fruits et les autres arbres.

L'usufruitier peut jouir par lui-même, donner à ferme à un autre, ou même vendre ou céder son droit à titre gratuit. S'il donne à ferme, les baux ne peuvent excéder neuf ans et le fermier ne pourra que terminer la période de neuf ans, dans laquelle il se trouvera au moment de la cessation de l'usufruit. Il ne pourra pas non plus renouveler les baux plus de trois ans avant l'expiration du bail courant s'il s'agit de biens ruraux, et plus de deux ans avant la même époque s'il s'agit de maisons (595, 1429, 1430).

L'usufruitier jouit de l'augmentation survenue par alluvion à l'objet dont il a l'usufruit (596). Il jouit des droits de servitude, de passage, et généralement de tous les droits dont le propriétaire, peut jouir, et il en jouit comme le propriétaire lui-même (597). Il jouit aussi de la même manière que le propriétaire, des mines et des carrières qui sont en exploitation à l'ouverture de l'usufruit ; et néanmoins, s'il s'agit d'une exploitation qui ne puisse être faite sans une concession, l'usufruitier ne pourra en jouir qu'après en avoir obtenu la permission du roi. Il n'a aucun droit aux mines et carrières non encore ouvertes, ni aux tourbières dont l'exploitation n'est point encore commencée (598). Nous avons vu effectivement qu'il est obligé de prendre les choses dans l'état où elles sont et d'en conserver la forme.

Quant au trésor trouvé sur le fonds dont il a l'usufruit, comme ce n'est point un fruit, le propriétaire seul y a des droits, et non l'usufruitier, qui ne pourrait en avoir que comme inventeur.

L'usufruitier peut exercer toutes les actions que la loi accorde au propriétaire pour se maintenir en propriété. Ainsi, avant sa possession, il peut exercer la revendication contre un tiers possesseur, pour le contraindre à la remise des choses sur lesquelles il a un droit d'usufruit. Si, depuis sa possession, l'usufruitier en est dépouillé, il peut exercer l'action possessoire. Il peut aussi exercer contre le propriétaire l'action qui naît du contrat ou du testament, qui lui a constitué l'usufruit.

Section II.

Des obligations de l'usufruitier.

Nous avons dit, en traitant des différences de l'usufruit et du bail, que l'usufruitier prenait les choses dans l'état où elles étaient; outre cette obligation, il ne peut entrer en jouissance qu'après avoir fait dresser en présence du propriétaire, ou lui dûment appelé, un inventaire des meubles et un état des immeubles sujets à l'usufruit (600).

Comme c'est à l'usufruitier qu'est imposée l'obligation de faire inventaire, ce sera lui par conséquent qui en supportera les frais. Pour ce qui concerne les immeubles, il devra pareillement en faire constater l'état, sans quoi il serait supposé les avoir reçus en bon état, et à la cessation de l'usufruit, il serait soumis à toutes les conséquences de cette présomption, sauf cependant la preuve contraire (1731).

Il peut arriver que l'usufruitier dégrade la propriété dont il a l'usufruit et devienne insolvable. La loi a dû prévoir un semblable inconvénient, et elle l'a fait autant que possible, en exigeant de la part de l'usufruitier caution de jouir en bon père de famille; aussi ce dernier doit-il toujours remplir cette formalité, s'il n'en a été dispensé par l'acte constitutif de l'usufruit. On voit aisément que, s'il est tenu de donner caution, c'est pour les dommages qui pourraient résulter de sa mauvaise administration. Mais il peut s'agir de choses fongibles, et alors il devra donner caution de la valeur même de ces choses, car, comme il résulte de l'article 587, la propriété en est transférée à l'usufruitier. Bien que l'article 601 exige caution, il admet aussi des exceptions; ainsi les père et mère ayant l'usufruit légal des biens de leurs enfans, le vendeur ou le donateur sous réserve d'usufruit ne sont pas tenus de donner caution.

Si l'usufruitier ne trouve pas de caution, les immeubles sont donnés à ferme ou mis en séquestre; les sommes comprises dans l'usufruit sont placées; les denrées sont vendues, et le prix en provenant est pareillement placé; les intérêts de ces sommes et les prix des fermes appartiennent, dans ce cas, à l'usufruitier (602).

A défaut d'une caution de la part de l'usufruitier, le propriétaire peut exiger que les meubles qui dépérissent par l'usage soient vendus, pour le prix en être placé comme celui des denrées; et alors l'usufruitier jouit de l'intérêt pendant son usufruit: cependant l'usufruitier pourra demander, et les juges pourront ordonner suivant les circonstances, qu'une partie des meubles nécessaires pour son usage lui soit délaissée, sous sa simple caution juratoire, et à la charge de les représenter à l'extinction de l'usufruit (603).

Le retard de donner caution ne prive pas l'usufruitier des fruits auxquels il peut avoir droit; ils lui sont dus du moment où l'usufruit a été ouvert (604).

D'après cet art. si l'usufruit a été constitué par testament, et que l'usufruitier ait négligé de demander la délivrance de son legs, par exception aux principes de l'art. 1014, il aura droit aux fruits, du jour du décès du testateur.

De même que le propriétaire ne peut par son fait, ni de quelque manière que ce soit, nuire aux droits de l'usufruitier, de son côté l'usufruitier ne peut, à la cessation de l'usufruit, réclamer aucune indemnité pour les améliorations qu'il prétendrait avoir faites, encore que la valeur de la chose en fût augmentée (599). Car il est probable que, s'il a fait des améliorations, il les a faites parce qu'il devait en retirer de l'avantage; autrement, comme il n'a pu selon son caprice imposer des obligations onéreuses à l'usufruitier, on ne doit plus que lui supposer une intention bienveillante, celle d'avoir voulu gratifier le propriétaire.

Toutefois, s'il avait placé des glaces, tableaux et autres ornemens dans la maison qu'il habitait en vertu de son droit d'usufruit, il pourra lui ou ses héritiers les enlever, à la charge de rétablir les lieux dans leur premier état.

Doit-on faire entrer en compensation les dégradations et les améliorations faites sans nécessité par l'usufruitier, lorsque le propriétaire à la fin de l'usufruit vient à réclamer ce qui lui est dû pour dégradations? Cela nous paraît juste, car pour connaître si un héritage est détérioré, il faut se convaincre si des améliorations n'ont point été faites et les balancer pour ainsi dire avec les dégradations.

Du reste, l'usufruitier n'est tenu qu'aux réparations d'entretien. Les grosses réparations demeurent à la charge du propriétaire; à moins qu'elles n'aient été occasionées par le défaut de réparations d'entretien, depuis l'ouverture de l'usufruit; auquel cas l'usufruitier en est aussi tenu (605). On entend par grosses réparations celles des gros murs et des voûtes, le rétablissement des poutres et des couvertures entières ; celui des digues et des murs de soutènement et de clôture aussi en entier. Toutes les autres réparations sont d'entretien (606).

Les grosses réparations, dit l'art. 605, demeurent à la charge du propriétaire ; faut-il en conclure que l'usufruitier pourra le forcer à les faire ? Je ne crois pas, car l'usufruit est une véritable servitude ; or le propriétaire du fonds servant est tenu de souffrir et laisser faire et jamais de faire. Le propriétaire ne peut donc être forcé de faire les grosses réparations, et au surplus l'art. ne dit pas qu'il doive les faire, il dit seulement qu'elles demeurent à sa charge.

Ni le propriétaire ni l'usufruitier ne sont tenus de rebâtir ce qui est tombé de vétusté, ou ce qui a été détruit par cas fortuit (607). L'usufruitier est tenu pendant sa jouissance de toutes les charges annuelles de l'héritage, telles que les contributions et autres qui dans l'usage, sont censées charges des fruits (608).

A l'égard des charges qui peuvent être imposées sur la propriété, pendant la durée de l'usufruit, l'usufruitier et le propriétaire y contribuent ainsi qu'il suit :

Le propriétaire est obligé de les payer et l'usufruitier doit lui tenir compte des intérêts.

Si elles sont avancées par l'usufruitier, il a la répétition du capital à la fin de l'usufruit (609).

Quant au legs fait par un testateur, d'une rente viagère ou pension alimentaire, il doit être acquitté par le légataire universel de l'usufruit dans son intégrité. Jouissant de tous les fruits, il est juste qu'il acquitte la rente en entier. Pour le légataire à titre universel de l'usufruit, comme il n'a qu'une quote part de l'usufruit, il est juste qu'il n'acquitte la rente que dans la même proportion. Il n'y a lieu à aucune répétition de la part de ces deux légataires (610).

L'usufruitier à titre particulier n'est pas tenu des dettes auxquelles le fond est hypothéqué : s'il est forcé de les payer, il a son recours contre le propriétaire, sauf ce qui est dit à l'art. 1020; en d'autres termes, si le testateur a exigé que l'héritier le lui livrât affranchi de l'hypothèque, car, dit cet art., l'héritier n'est point tenu de le dégager à moins de disposition expresse de la part du testateur.

L'usufruitier, ou universel, ou a titre universel, doit contribuer avec le propriétaire au paiement des dettes ainsi qu'il suit :

On estime la valeur du fonds sujet à usufruit; on fixe ensuite la contribution aux dettes à raison de cette valeur.

Si l'usufruitier veut avancer la somme pour laquelle le fond doit contribuer, le capital lui en est restitué à la fin de l'usufruit, sans aucun intérêt.

Si l'usufruitier ne veut pas faire cette avance, le propriétaire a le choix, ou de payer cette somme, et dans ce cas l'usufruitier lui tient compte des intérêts pendant la durée de l'usufruit, ou de faire vendre jusqu'à due concurrence une portion des biens soumis à l'usufruit (612).

L'usufruitier n'est tenu que des frais des procès qui concernent la jouissance et des autres condamnations auxquelles ces procès pourraient donner lieu (613). Le propriétaire doit donc à son tour être tenu de la même manière pour ce qui concerne la propriété.

Si pendant la durée de l'usufruit, un tiers commet quelque usurpation sur le fonds ou attente autrement aux droits du propriétaire, l'usufruitier est tenu de le dénoncer à celui-ci; faute de ce, il est responsable de tout le dommage qui peut en résulter pour le propriétaire, comme il le serait de dégradations commises par lui-même ou par ceux dont il doit répondre (614).

Quand l'usufruit est établi sur un troupeau, si ce troupeau périt entièrement par accident ou par maladie et sans la faute de l'usufruitier, celui-ci n'est tenu envers le propriétaire que de lui rendre compte des cuirs ou de leur valeur. Mais si le troupeau ne périt pas entièrement, l'usufruitier est tenu de remplacer, jusqu'à concurrence du croît les têtes des animaux qui ont péri (616). S'il n'y a pas de croît, il n'y aura donc pas lieu à remplacement.

Si l'usufruit n'est établi que sur un animal qui vient à périr sans la faute de l'usufruitier, celui-ci n'est pas tenu d'en rendre un autre, ni d'en payer l'estimation.

Mais l'usufruitier dans ce cas est-il tenu de rendre compte de la peau ? Je crois que bien que la peau d'un seul animal soit de peu d'importance et que la loi n'ait point spécifié ce cas, on peut décider l'affirmative par analogie au cas précédemment établi pour le troupeau.

Section III.

Comment l'usufruit prend fin.

Comme l'extinction de l'usufruit opère le retour de la jouissance à la propriété, la durée du droit d'usufruit devait avoir des limites. Sans cela la jouissance ne fût jamais retournée au propriétaire, et le droit de propriété eût été inutile. Il devait donc y avoir des modes d'extinction par lesquels l'usufruit pût s'éteindre.

Aussi s'éteindra-t-il :

Par la mort naturelle et par la mort civile de l'usufruitier ;

Par l'expiration du temps pour lequel il a été accordé lorsqu'il a été constitué à certain jour ;

Par l'événement de la condition lorsqu'il a été constitué à condition ;

Par la consolidation ou la réunion sur la même tête, des deux qualités d'usufruitier et de propriétaire ;

Par le non usage du droit pendant le temps déterminé par la loi ;

Par la perte totale de la chose sur laquelle l'usufruit est établi ;

Par la résolution du droit de celui qui l'avait concédé; *enim pius juris transfere potuit quam ipse habelat.*

Par l'abus que l'usufruitier fait de sa jouissance;

Par la renonciation de l'usufruitier à l'usufruit. Dans ces deux cas comme les créanciers peuvent avoir un grand intérêt à ce que leur débiteur conserve son usufruit, les créanciers de l'usufruitier pourront intervenir dans les contestations pour la conservation de leurs droits, et offrir la réparation des dégradations commises, et des garanties pour l'avenir; ils pourront aussi faire annuler la renonciation faite à leur préjudice.

Les juges peuvent, suivant la gravité des circonstances, prononcer l'extinction absolue de l'usufruit, ou n'ordonner la rentrée du propriétaire dans la jouissance de l'objet qui en est grevé que sous la charge de payer annuellement à l'usufruitier ou à ses ayant-cause une somme déterminée, jusqu'à l'instant où l'usufruit aurait dû cesser (618).

L'usufruit qui n'est pas accordé à des particuliers, tel que celui qui a été constitué en faveur d'une commune, d'un hospice, etc., ne dure que trente ans (619).

L'usufruit accordé jusqu'à ce qu'un tiers ait atteint un âge fixe dure jusqu'à cette époque, encore que le tiers soit mort avant l'âge fixe (620). Dans ce cas, en effet, ce n'est point la vie du tiers que l'on a pris en considération, c'est un certain nombre déterminé d'années.

Si une partie seulement de la chose soumise à l'usufruit est détruite, l'usufruit se conserve sur ce qui reste. Si l'usufruit n'est établi que sur un bâtiment et que ce bâtiment soit détruit par un incendie ou autre accident, ou qu'il s'écroule de vétusté, l'usufruitier n'aura le droit de jouir ni du sol ni des matériaux (624), car l'usufruit n'était constitué ni sur le sol ni sur les matériaux. Mais si l'usufruit était établi sur un domaine dont le bâtiment faisait partie, l'usufruitier jouirait du sol et des matériaux, comme accessoires du domaine sur lequel repose son droit.

Chapitre II.

De l'usage et de l'habitation.

L'usage et l'habitation se règlent par le titre qui les a établis, et reçoivent, d'après ses dispositions, plus ou moins d'étendue (628).

Quand ces deux droits ne sont pas précisés, l'usager ne doit prendre sur les fruits du bien d'autrui que ce qui est nécessaire à son usage personnel et à celui de sa famille. De même aussi celui qui a un droit d'habitation, autrement dit l'usager d'une maison, ne peut user que du logement nécessaire pour lui et sa famille.

Ces deux droits s'établissent et se perdent de la même manière que l'usufruit (625). La loi, comme on le voit par cet article, reconnaît de grands rapports entre les droits d'usage et d'usufruit : ils existent en effet ; cependant il ne faut pas dire d'une manière absolue que les droits d'usage s'établissent comme ceux d'usufruit ; car ils ne s'établissent jamais par la loi, tandis qu'il existe un usufruit légal (579, 384, 754).

L'usager et celui qui a un droit d'habitation doivent comme l'usufruitier jouir en bons pères de famille, donner préalablement caution et faire des états et inventaires (626, 627).

L'usager ne peut céder ni louer son droit à un autre (631). Cette faculté est accordée à l'usufruitier. La raison de cette différence, vient de ce que l'usufruitier ayant droit à tous les fruits, peu importe que ce soit lui ou tout autre qui exerce ce droit ; tandis que l'usager qui n'a droit qu'aux fruits nécessaires à ses besoins personnels et à ceux de sa famille, il importe beaucoup que ce droit ne soit pas exercé par une autre personne, car ses besoins pourraient être plus grands que ceux de l'usager. Le droit d'usage nous paraît être, conséquemment avec ce qui précède, un droit purement personnel, et que les créanciers de l'usager ne pourraient ni saisir ni exercer à sa place (1166). Le droit d'habitation ne pouvant être ni cédé ni loué, ce que nous venons de dire lui est applicable.

Si l'usager absorbe tous les fruits du fonds, ou s'il occupe la totalité de la maison, il est assujetti aux frais de culture, aux réparations d'entretien et au paiement des contributions, comme l'usufruitier.

S'il ne prend qu'une partie des fruits, ou s'il n'occupe qu'une partie de la maison, il contribua au prorata de ce dont il jouit. (625).

L'usage des bois et forêts se trouve réglé par des lois particulières.

www.ingramcontent.com/pod-product-compliance
Lightning Source LLC
Chambersburg PA
CBHW062000070426
42451CB00012BA/2228